BRIAN GAGG

DAS
80iger Jahre
Retrospaß
WORTSUCHRÄTSEL BUCH

Bibliografische Information der Deutschen Nationalbibliothek:
Die Deutsche Nationalbibliothek verzeichnet diese Publikation in der Deutschen Nationalbibliografie; detaillierte bibliografische
Daten sind im Internet über http://dnb.dnb.de abrufbar.

Herstellung und Verlag: BoD – Books on Demand, Norderstedt
ISBN: 9783754353455

Einleitung

Auf den folgenden Seiten finden sich thematisch sortierte Wortsuchrätsel.

Um ein Wortsuchrätsel zu lösen, müssen alle jeweils aufgelisteten Worte in der darüber befindlichen Buchstabenmatrix gefunden werden. Ist ein Wort gefunden, sollte es mit einem Stift umkreist und das gefundene Wort aus der Liste gestrichen werden. Sind alle Worte aus der Liste gefunden, ist das Rätsel gelöst. Bei Schwierigkeiten ein Rätsel zu lösen, kann die Lösung ab Seite 35 nachgeschaut werden. Die zu findenden Worte sind jeweils als ganzes (d.h. immer nur in einer Richtung und ungebrochen) in der Matrix nach folgenden Regeln versteckt:

- Suchworte können sich überlagern, d.h. ein Buchstabenkästchen kann von mehreren Suchworten genutzt sein.

- Worte können vorwärts, rückwärts, horizontal, vertikal oder diagonal in der Matrix versteckt sein.

- Suchworte stehen für sich alleine und sind untereinander und/oder nebeneinander aufgelistet.

H P Q Q H Y U Y X H H A D S D A L N X
E D B E R R Y B V O L O L L Y I N T E
Q A M S P V F W Y K M U C L R D J C T
Y F G K R S Z F H I O O M P A W C E D
X I S P L I T F N A N H A Q P B U W S
Z H E R B H E O Q R P C R T G Z M C F
O V W J B O P S G V E P R G X S H B L
F G B S S S F J E C P G E N V L D F J
U H G A F P B L M N D T E N E O R R W
J T R L C C F A U W X O H C N A T R L
I M F B J C W F E T K T K M Y A Q Z Z
S F J B W I Z V W R S M G A Q D L U F
Z R V R Q K L L G F V C R T A R V O U
Q K C A V A V W H R M D H F Q O U H C
L Q L U B N E K E W R A S F J U N U A
J X Y N I H L Y N K D M D L I W Y F S
Y J A E O I T T E Q W N O O A N O S I
Z U W R M V Y K M A B R L P T D G S D
F M B I U Y T F S E K W O P I W F E T
L A N G N E S E G L D T M I O J U X R
L I A Y K N C D P K E K I L E S F S U
M L I L I T M J Z E T J T A G F Y X X
P O X U S E T Z C F I M I C E Z V D T
K F H X K B P F O H A B S I L I E F C

ED VON SCHLECK
BRAUNER BAER
DOLOMITI
LANGNESE
RIESEN HAPPEN
FLUTSCHFINGER
MINIMILK

BALLA
DOMINO
CALIPPO COLA
CAPRI
BERRY
SPLIT

```
U P U S V A E L Z U K L E I N E R A L
D E W O M K C K B R L X H Q V R K U H
T I R Z G M G U G Q E N E N F E B M O
I F E O V O I Z U D J T F S R T B A E
I N S E L R W K K N W L A Y S S S U H
L X V R A X F W E U B O Q K Q I B L L
K J R F Y J L I Y S G E V A I K G W E
X A W C O E C R W I C H U L Z N Y U N
P C H N R T R L J U Y H D G B E R R K
N K X C R S M G B J X O A I D T R F I
I G U I I O C F Z T L T G X E T E E N
N Y A D K N B S D U N V A I Y O J I D
S V W L N S R L G A D G E T Z M H D E
P E R R A K X C O Z R H N C P A C H R
E R D X V C N T O H P X X C W L W A Y
C M C N F B T F R V G M V K I K V G C
T O K O D Q D I T G G L O H Q A C Z B
O B E A V T P D C V Q P I P M C D P C
R N L G D P U B O A M W Q P P M E H G
K K L E I N E R U K D V I C T Q O P E
M J S K A Q G A K P A R W D V W S T X
W G L Q K R R Y C Z Z Z X I S S C A A
G H T Q Q T R S F R Z M W P M W R R T
Y X U C N A F Z Y V D N F V Q T N I O
```

2

1980iger Fernsehen

HAWK
MC GYVER
DIE HOEHLENKINDER
DIE INSEL
INSPECTOR GADGET
JACK HOLBORN
DIE JETSONS

GALACTICA
KATER MIKESCH
KIRROYAL
KLAMOTTENKISTE
TOM UND JERRY
KLEINER MAULWURF
KLEINER VAMPIR

```
M I L I N D E N S T R A S S E B N H N
Q M G A M Q V Z W M E W W I O C G X I
T F G I P Q M Q H A D O J D A W C Z E
I C A R L B A D Q N F R U J W Y T Q T
P M K W Y P G X E N O M A R P L E K N
I O V O H O N N E A K I A Q D O K O V
I T T L N M U H B F Z H G G H L G M H
V L S F T Z M I S A C Y R F O X A O C
X M O U Y T L P C A B H J U W F X E Y
E L G Z K D M O N J M O M F F K A D K
X L E V X E X L E K A I S P E O H I M
D T E I E Q R S U W A P V Z K O K E R
U C B Y Y M A E T A E U F U T M T N S
L W L L B H Q N Z C R N C E M Q D S K
V G I N N Y A M G V O Y Z O Y Y H T R
E X L O T B O M Q R D N W A E T L A T
H H N I V I J I Y B D J L G H T Z D L
J D L T Z K G U D B W N W O X N L E E
N Q O A C I W S K Z U D A T X S S L T
V H A N E I S V W L N G P T N V A J T
Y I L U D I S Z T H X U U E T A U H I
T M I B M H H K H V D Z C V J O R G M
H Z E W U G O R I L I I E Q E O K G R
S Y N D N K X C E Z V Z R M E Z R N E
```

1980iger Fernsehen

KOMOEDIENSTADEL
KOTTAN ERMITTELT
LINDENSTRASSE
LOU GRANT
LOEWENZAHN
MAGNUM
MASH

MIAMI VICE
MISS MARPLE
AIRWOLF
ALIEN NATION
DER ALTE
ANNA
ATEAM

1980iger Fernsehen

DIE BAEREN SIND LOS
BILL COSBY SHOW
BUCK ROGERS
CAGNEY UND LACEY
CHEERS
CITYHUNTER
COLUMBO

DENVER CLAN
DERRICK
DETEKTIV
ROCKFORD
DIDI SHOW
DROMBUSCHS
DOCTOR WHO

```
I N Q P R E I S B A G K Q Y I J K D M
I K S N A M I H C S B P H U D I E L Z
V U Z U V L Q E Q O T C O K S Z I X I
R D M X Y C W E J Z A V C T V F N W A
G A F E Z G I U O N E L Y H R S M F A
H F W O L B M Y B G N J F Z G V A N H
P C Y Y R V D G E T O E I N S I L E W
O H G B C M R A M F Z I M S J Z T M T
Z C I K E I E P L T E D G C C N U V J
W E Y S L B U L S L Q P O E N A A P K
X C V L H M U C S A A A M C B T L C U
O A O M I K E Z I K W S E S K J T J S
F C M V N X F F D B I O M B S I E O E
G D N B M E X Y D H I I S A Q I S P S
U L I N E V M M P V F E E A C F E Y A
A E D D Y G R A C P A Y D R N X C H X
B I H E B T K E D V G G E G D X O X X
P F M N Q Y P X X L D X R E L R S M Q
K R Y V W K L T N C H M U H I L T A U
V A W E T A D S G N I D T A K K O D G
W G Z R R F C L V A B X F Q L T S B A
K H G E A A Y C G D E R R I C K H B G
Z Y D M O X K G Q D Y F Q C L A N B Y
N W E K F P Y V H S F Z O N B O B O Q
```

5

1980iger
Fernsehen

DENVER CLAN
FAME
GARFIELD
NASOWAS
DER PREIS IST HEISS
DINGSDA
FORMEL EINS

DALLAS
ES WAR EINMAL
ALF
DREI DAMEN VOM GRILL
DER ALTE
DERRICK
SCHIMANSKI

```
Z  R  B  B  E  N  I  E  L  K  P  C  G  T  R  L  M  Q  V
L  E  F  L  E  W  Y  M  T  T  E  Q  E  O  W  E  K  M  J
W  H  G  I  R  A  H  R  D  M  U  L  N  N  Z  N  A  X  D
B  L  N  P  E  L  Q  A  S  I  E  C  B  L  P  N  E  I  F
S  F  Y  U  S  T  J  F  N  S  A  A  K  D  X  A  E  V  G
G  V  D  M  N  E  A  C  K  L  Y  A  E  Z  N  A  R  F  U
J  T  U  U  U  N  Y  I  L  R  F  D  J  Z  U  J  B  N  X
Z  E  M  C  Z  S  X  I  J  Y  Q  D  X  I  H  V  D  M  V
D  G  V  K  M  V  S  D  Q  Z  R  V  U  C  D  J  V  Q  U
E  S  D  L  O  O  J  K  X  C  I  Z  R  O  V  W  Z  T  E
W  M  T  M  R  S  R  E  T  L  O  J  V  E  E  A  H  C  M
N  J  K  K  A  Z  K  W  U  P  M  O  T  S  Q  M  W  R
C  N  E  T  A  R  I  P  D  N  A  R  T  S  H  O  G  U  N
S  L  E  D  G  E  H  A  M  M  E  R  I  J  M  C  O  L  V
U  R  L  B  J  J  C  H  H  S  P  V  K  U  L  Q  O  O  L
L  R  A  P  P  E  L  K  I  S  T  E  H  E  I  O  C  U  H
S  T  Z  L  X  S  S  R  J  N  S  O  L  K  G  M  A  O  L
P  E  Y  N  O  L  R  T  C  I  B  A  C  W  W  O  N  R  N
X  S  J  U  T  D  B  Q  H  J  Z  L  L  Z  Q  F  O  K  R
A  G  B  Q  X  Q  S  Y  Y  C  N  S  K  I  N  R  M  Z  G
M  Z  H  F  O  Q  L  D  E  J  T  X  E  H  S  C  R  D  T
U  L  F  Q  F  W  S  M  W  S  U  Z  Y  F  U  T  R  L  Z
P  W  H  P  A  O  S  V  A  F  I  I  P  P  Z  B  B  M  Z
X  Z  K  C  R  B  U  P  S  M  M  K  B  I  X  G  E  D  G
```

6

1980iger Fernsehen

PUMUCKL
MONACO FRANZE
MORK VOM ORK
QUINCY
RAPPELKISTE
RONCALLI
SHOGUN

SILAS
SLEDGEHAMMER
SOAP
STRANDPIRATEN
TELESKI
UNSERE KLEINE FARM
DIE WALTENS

```
L N I B L M S J W M U S I K L A D E N
T N Q C V N X S B J P P D S O H X D X
Z E R H J E J Z T X F I C W Q J T E F
U V C C E Z M C H W K Y T O I P E R T
A Q P A E N H F K C S E L L A W S J E
Q V S Q Y E B H U Z I L L A D G Q X Y
U D P O A R R Z E A Q S O L K A X O M
S P I E L G B A N A N A S R E K J V J
T W G V N T H H N Q Q V U D N J W N G
C W S L L P D I E R X C V D G K H D V
S V D M I S T U N C K X Q F A T A C D
L F H S T I K A U R Y S M H P R F U I
Q V D E Q J J R Y H T G M Y S C W G Q
Z K O V I P M O O J E X G K A M W P H
K B L O R S L C J H M N C R Z J A S E
R Y J E D U S C T S R E M A C L T Y R
D B I T N N J S W F U R U Z L H O R Z
O S Y X T H A U J L R P J S C D Y B B
R R V W M M O R G G E P Y I A W V D L
J U T O V D W J H H D X N L L Y A W A
G C Q W S E S S I G O T L G U A Z S T
Z G L F X N V Z Q A E I M B M Q S N T
R R U P O X R L T X W P A J W F O V L
B Z Y N E H C P P I L R E N N O D A E
```

7
Spielshows

RUCK ZUCK
HERZBLATT
GLUECKSRAD
DALLI DALLI
DONNERLIPPCHEN
SPIEL OHNE GRENZEN
DER PREIS IST HEISS

ALLES ODER NICHTS
SO ISSES
AUF LOS GEHTS LOS
WAS BIN ICH
BANANAS
MUSIKLADEN
PIT

Q	X	P	B	S	O	D	H	T	Z	B	G	E	S	P	E	N	S	T
I	D	N	I	Z	A	Q	I	P	A	W	M	Z	A	E	J	T	W	H
W	M	E	D	A	S	K	U	E	E	Q	K	J	S	L	V	I	C	G
S	U	U	D	H	D	M	W	K	N	R	Q	D	K	I	W	Z	S	P
E	O	J	I	X	B	A	N	D	A	U	K	J	O	D	P	L	A	Z
N	Q	O	R	S	Q	V	U	M	R	G	M	M	K	O	T	F	D	A
D	V	M	W	F	P	T	E	M	B	Y	O	V	M	K	P	M	T	U
A	Z	H	V	R	Z	R	E	W	Y	M	J	Q	A	O	S	K	B	B
S	H	H	H	E	O	L	S	C	E	J	F	S	K	R	S	H	L	E
J	O	C	W	U	R	B	V	N	S	O	I	Z	S	K	Z	F	G	R
V	Q	U	B	N	A	Q	N	A	B	H	T	N	C	T	K	W	C	B
H	R	B	K	D	R	X	D	B	O	O	N	R	A	D	R	B	Y	A
I	U	Y	R	E	L	A	H	T	R	P	A	H	G	A	A	C	W	U
I	T	I	M	M	K	C	Z	T	A	E	G	V	P	T	M	P	N	M
L	H	Q	B	L	M	E	M	R	U	P	G	H	B	S	E	B	Z	M
Z	W	T	E	S	N	F	F	B	K	V	H	Q	T	R	R	M	Q	J
A	C	I	W	P	U	U	E	U	D	R	O	T	E	O	T	I	A	P
S	N	C	L	E	M	R	W	F	B	E	G	M	N	V	U	X	E	M
E	N	O	N	R	L	C	B	V	G	X	M	E	I	A	I	N	N	D
R	T	F	H	Z	D	E	N	U	S	V	E	W	G	B	H	N	H	J
Z	R	E	D	M	K	B	G	U	K	E	O	K	J	E	Q	R	F	Q
S	Z	O	R	B	V	W	A	Y	B	N	H	G	Z	J	N	A	I	B
A	D	K	M	K	N	E	A	O	T	T	O	W	U	I	D	A	S	R
X	S	U	A	H	R	E	T	S	I	E	G	E	L	B	C	M	J	X

8

Bücher

DAS KLEINE GESPENST
RAEUBER HOTZENPLOTZ
FUENF FREUNDE
ZAUBERBAUM
DAS URMEL AUS DEM EIS
TIMM THALER
DIE ROTE ZORA

DER TROTZKOPF
VORSTADTKROKODILE
DAS BUCH OTTO
MOMO
DAS GEISTERHAUS
KRAMER GEGEN KRAMER
DAS PARFUM

Q R H A L F G A B D I R O W J D N U O
T I H O T H O Z I O A K I G S E U X I
X A O C N Z M E L Q F Y V S S S X Q H F
Z L A P C Q I I H H P G G N M E Z Q R R
O C L W U Q T W T Z E S A W I H F Z A
Y N W C T E L R C O R D H B P E H I G
D I G U N N A H G U R K I W P Q U T E
C S S N I L T K C N Y M V E U F I N Z
O F E N P Y K F R D N O K C R C L O E
M R T O A T T X W N A V Y M T R R L I
M D B D Z P B F H W X F D H S P I D C
A T H R E P P O K C S A D F B F L S H
N O S O N H J J V V Z K N H I Y H N E
D N A G I T A F X R E L U A F E F B N
E O L E H Z D N I I R E L D D V V U Q
R T F B C O W B N Q P I Q Y R O F H M
G Y O P S T A H T I L N V C K E H P Y
M L A E A N N H I U M E V E S B I R E
S B B R M N B N T L C C P T I R E M U
P E Y K T Y A D P Q P N Q V U Q M Y S
K V M I I J J N V D Z K S B U B V M R
I V W N E I Z C N D I N E C W E A I Q
C J E S Z T F O C I B T H H F S L W K
W H Q W A I R C U U B G E I B Y V H M

Hörspiele

DIE KLEINE HEXE
HANNI UND NANNI
JAN TENNER
DREI FRAGEZEICHEN
ENID BLYTON
DAS SAMS
TKKG

PERRY RHODAN
COMMANDER PERKINS
DIE ZEITMASCHINE
HUI BUH
FLASH GORDON
JOHN SINCLAIR
TIM UND STRUPPI

```
M X H R A X H X J M S U O X R I D G R
G Y Q N Y K D U J I Q P I D G S G B E
R I P X J N E R S C E W U I Y S R D K
A X S G Y R K E T H F S V Q C A A L C
Q U A K G T L G E A N M D S X G F A E
C S Q E H R I G F E R S X X Z A W R B
C O N O J J N I F L C T L R F N B A X
Z Y M B W A S N I L K I A N K E I H R
Y A B X T M M E R D P C E R D N A E I
S H O E G I A M V I T H R M N H S X H
N L R O O Y N M Q Y D D O U M W L Q R
R I I J E W N U O R Z K C I D U T B A
D X S K A R L R R W J W C D X I D A C
Y C H H I N G S E N I H B Q Z P G O V
R H A K G E T Q E C A R L Q I U S O T
X G E I F G S M Y E E G D W A M E P F
F B S C K N I F L I P D T K R L V A I
O U S Y F O L E T M H A H I L E X U T
U I L Q C J S N M N E G R E U J B L J
W V E B E Q E E T H M D R A M P V U O
J Q R V F R Q M Q A T M F F I X Q J H
S C H U M A C H E R H L G I G S Z S V
B I P Z F Z D K N Z L V V L V L Z U K
B R G R O S S R F T R P M J W U F Z P
```

10

Sportstars

BORIS BECKER
MICHAEL STICH
STEFFI GRAF
ANKE HUBER
ANDRE AGASSI
MICHAEL GROSS
JUERGEN HINGSEN

KARL HEINZ
RUMMENIGGE
PAUL BREITNER
RUDI VOELLER
HARALD SCHUMACHER
JUERGEN KLINSMANN
THOMAS HAESSLER

E	T	T	E	S	S	A	K	L	E	I	P	S	R	E	O	H	A	A
E	R	A	P	I	I	D	Y	M	S	T	P	A	N	W	N	T	V	X
I	E	J	Z	C	O	M	P	A	C	T	D	I	S	K	A	Y	V	W
J	D	L	F	N	W	O	M	N	X	A	H	Y	G	R	L	T	I	Y
R	V	E	Y	T	K	Y	R	Q	T	B	T	K	I	O	Q	M	D	G
V	J	E	G	R	R	W	I	E	A	B	E	H	V	K	B	G	E	P
N	A	M	K	L	A	W	B	Q	Z	T	M	E	F	H	H	Y	O	Z
D	X	F	L	H	P	T	L	S	M	K	H	I	Y	Z	V	Z	K	R
C	X	O	N	Z	X	F	S	G	R	T	J	M	H	N	E	A	A	A
M	J	U	A	I	M	W	B	X	X	X	S	C	N	R	M	I	S	G
K	A	S	S	E	T	T	E	N	R	E	K	O	R	D	E	R	S	W
G	D	A	D	N	S	Q	N	O	L	C	Z	M	B	H	Q	H	E	H
F	W	O	G	S	Q	R	O	H	A	Y	A	P	O	C	C	S	T	S
X	M	J	M	I	X	E	R	A	Y	F	Y	U	U	F	O	O	T	G
S	A	C	Y	O	M	W	U	N	Z	U	G	T	A	Y	M	T	E	A
H	V	A	O	P	S	A	F	J	L	M	Y	E	P	E	M	N	L	Q
V	A	O	B	L	Q	V	H	G	L	X	M	R	P	J	O	I	A	A
K	H	U	E	D	A	U	G	O	K	Q	T	P	L	X	D	C	C	B
Z	Y	V	M	G	M	H	K	Q	K	A	S	P	E	B	O	A	G	F
E	T	T	A	L	P	L	E	I	P	S	G	N	A	L	R	M	U	Q
Q	O	K	G	D	N	X	L	D	T	O	S	B	T	Z	E	Z	H	M
Y	L	Q	O	A	A	Z	X	U	E	N	O	A	T	Q	D	R	U	W
P	T	Z	B	R	P	S	Y	P	A	A	R	Z	H	P	G	K	C	B
U	M	U	I	S	U	R	Z	R	D	G	E	C	B	F	Z	F	P	I

11

Technik

LANGSPIELPLATTE
KASSETTENREKORDER
HOERSPIELKASSETTE
VIDEOKASSETTE
VHS
BETA
COMMODORE

ATARI
WALKMAN
HEIMCOMPUTER
COMPACTDISK
APPLE MACINTOSH
AMIGA
GAMEBOY

```
S R Y C M Z E X H P V G N P J Q U O V
Z P G V I F N E C H J G S B G T N C X
P J R O A N N F T G R A S S U A R R G
H C U K I S H O N L F F G L U E E X J
C Q B B M Z E B S N E U B A C W D K H
F R O T T O T Q E P E C O O U E I W L
F S V D Q K B H H N E D A B U C E J T
R M Q P T M P M T R D F B R Q F N Y F
O A A W F E O E H C N I F G R O H O N
I A S A T P R W G F E T B A P E C B P
U A V S X S C R V E L P J O G J S P R
D G V B K E N T B L L B J H Q G M K D
D N F T A K N W B L A U U M K Z I A K
M A L N N L A E K Z I N D Q R C W C W
I T C D D A A P G L C D U Z T A I Y R
R V O G V A T Z L D P O N J B R K X R
C K M Z U W A H N W T C Q U T K V U A
R C R K H V V I R B X Z A E N H O J
X L I O E Y K K Z N H B P D E T N K N
P J E R R S Z U Z O T R E B M U X A W
T A Y B E B A Y X Y V X M H S R W G L
L N R U A B U O P A E U I X V C K N S
E N S Z X S P D T N Y U Z M P L W I N
N A M R O C I C X Y M I A R H P E K K
```

12

Autoren

OTTO WAALKES
EPHRAIM KISHON
UMBERTO ECO
JOHN LECARRE
ISABEL ALLENDE

PATRICK SUESKIND
STEPHEN KING
ANNA WIMSCHNEIDER
GUENTER GRASS
AVERY CORMAN

```
M D J G I M S S Y N S Z A E M L K P Q
S B J B E F A C Y M N G E A E W P G J
Z I T B N D W R P B A P O K P S Z N N
A R M S Q L T E X Q Y H I O H V S B S
B D O O I Z Q D R K B E H F I Q V S P
U Z N S O T H L A S Q U D A S Z J W C
O K D P I X A O K A Q W K T V X B X
D A S X L I R Y H Y I J V G O C E W X
V S U J Y K R G Y W R O U Q Z I V X Y
G H E S X K Y A L M G K B U N T F E L
O U C E B A Q O A Y U Z L Z W V W R K
P U H K D E R R T R X L I Z K H Y K J
W E T I N Q O N E O S G M Q Q P O I V
G E I L E N B H M J E T M E U I X M B
A W G L G C J O C L C J V U Q X U A G
I D D I E R V V S R M S X U B X S H K
F D G N F O E C N X D S U N D B A H B
Y V Z G P L A T O O N G O S F O L Y F
K Q L C Q J D L X T T L H F I M L B U
A S J L X P C T N B L I R I E D Y A L
L C Y V E H T N D A N T O N L W K V L
O Z U R T C C E U I K I L W D H L V O
L J A C K E T Y N E A J Q I S J Y T A
Z L B O O T M G R V G I E Z E U G E P
```

13

Kino

HARRY UND SALLY
SHINING
FULL METAL JACKET
BIRD
YENTL
LOLA
YOLDER WEG

MONDSUECHTIG
THE KILLING FIELDS
DAS BOOT
DER EINZIGE ZEUGE
PLATOON
MEPHISTO
DANTON

```
L I J N U T D L Q W E A P O N H Y E R
F V X A K X Q B W Z G O A L C F Z W E
M F I T X K G Q F P R E N N U R R D O
J S N M M J X R O D L A H T E L D Z B
U F S Q E W O L W E L A L I L I O D E
F T P T F L R L N S E U W Z H A H W I
Q Z U O R A V B P S G G R I S E E N S
I K E A B H R R A E N O I S A O T A T
I N D I E N N B Y R A W E R J H M T O
U K O L R E I S E D M E T L D D D P O
W N T V G Y W R H L J F V G O W V K T
X I R N L C D E U C E Q Q X R B K D U
L K A A X J A D E C A F R A C S J E T
I V N M A G U C J E D P N W L I Y R O
I D O N F E I D P W N H B V H L A U I
H M F I R C Y E R N B G K X U N I M X
P E B A S W I U V H C R S P Q B X K F
C V J R A D E Z Q O O H A Z E W H W Z
F G W B P C V B L A D E G Z C B S H T
R S Y X K H L B W J P O G Z I W H Q N
E Q D K E E B M Z B M L J Q I L U M A
U K E H C S N E M N E T N A F E L E C
R H T W H O Q W A L L S T R E E T S H
R G S N E I L A H A B U D W F K R O T
```

14

Kino

TOOTSIE

DRESSED TO KILL

DIE FARBE LILA

REISE NACH INDIEN

SCARFACE

BLADE RUNNER

DER ELEFANTENMENSCH

ANGEL HEART

RAINMAN

BRAZIL

WALLSTREET

LETHAL WEAPON

RAN

ALIENS DIE RUECKKEHR

N	A	C	U	H	T	H	G	I	R	F	F	T	S	W	S	D	I	C
M	Q	P	W	N	G	S	A	G	O	L	N	R	B	E	U	F	H	I
I	C	W	V	P	M	Q	G	H	F	Q	E	W	L	A	G	O	O	N
O	Q	X	B	P	O	S	H	I	N	I	N	G	Y	K	L	Y	B	L
A	Y	A	G	E	S	L	F	B	T	D	A	C	L	X	O	C	H	K
Q	T	O	P	H	M	T	T	E	Q	E	X	W	C	Q	G	C	S	Q
I	G	I	P	U	H	A	U	E	H	F	Q	T	U	W	S	T	E	D
B	H	G	K	G	H	M	N	E	R	T	G	X	I	L	I	D	Q	T
M	O	U	I	I	Q	Z	R	F	Y	G	K	B	U	R	E	E	N	Z
F	S	N	R	U	N	M	B	L	M	X	E	M	B	R	S	C	Q	M
M	T	C	O	C	O	O	N	L	H	R	D	I	N	M	H	L	Z	S
A	B	W	Y	U	F	K	Y	A	T	M	O	G	S	U	N	N	R	L
S	U	C	G	J	Y	L	I	H	N	B	V	S	H	T	P	W	U	M
G	S	F	Z	F	E	S	P	Y	N	P	B	T	E	G	R	H	M	V
N	T	N	M	Y	P	M	Y	F	N	A	L	J	B	G	M	I	P	E
A	E	Z	X	W	U	P	S	F	L	R	O	M	G	Z	K	L	F	Q
L	R	G	H	I	E	X	O	L	U	I	O	S	Q	U	S	G	G	P
O	S	T	T	E	I	I	K	I	P	S	D	B	S	U	O	Q	G	K
Z	G	K	W	U	W	P	W	E	B	B	S	Q	A	E	C	S	G	K
G	B	C	Z	D	F	N	K	G	T	L	P	L	Z	S	J	L	B	C
N	J	J	H	C	X	Z	S	E	V	U	O	T	W	R	A	E	C	H
F	L	D	O	V	J	U	I	T	B	E	R	F	G	K	L	X	W	S
R	D	I	E	A	Z	Z	Z	H	U	N	T	P	G	A	P	F	E	O
Z	D	H	V	J	X	H	S	S	K	T	U	E	N	F	V	I	Y	T

15

Kino

STIRB LANGSAM
POLTERGEIST
DIE FLIEGE
NIKITA
ET
GHOSTBUSTERS
PARIS TEXAS

NAME DER ROSE
BLOODSPORT
THE SHINING
BLUE LAGOON
COCOON
FRIGHT NIGHT
TOP GUN

```
N R R E A G A N D X M D W T L N G J E
K G J T U D A N A I D P D N M G N W P
G X O U R I W D U O R G R X E Z U F Z
I C S K B E H P Z H Y J W L N D G H W
Z Q C O E X P M Z N C K K X W R I A C
S A H A M A U E R F A L L T U P N S I
S E K N D M J S K C M H D E I P I S H
G F A N L M Q M S U E R N I O E E E Z
X G S K H J A M K P S E W L E R R L K
F L P Z O F D W L D N F O O G E E H O
R A S J K G V B B R I F H C S S V O N
J S P O K G D N G S G T C D L T R F T
Q N E E G C A W C M T S S Z I R E F E
D O N I A J U H O H O C T S F O D Z C
L S C Q D P E O T E C H A L J I E K F
A T E G B R Z I R L B E B T U K I H L
N B R B N A M U P M F R R O Y A W Y N
O C A H H N O V W U U N O D A V I D N
R Z S A I H T A M T R O G U F T Z E Q
M J Q O P Z C V Z Q R B L Z B W K O X
Z X Z F N V Y U V U G Y N L I U L L H
K C R D D Z J X S A E L V J X R M Y L
T L J K H Q W T L D N K P N R H P Z X
L U I J E W K A H W U A P E T N Y S V
```

16

Politik & Geschichte

WIEDERVEREINIGUNG
DDR
DIE GRUENEN
HELMUT KOHL
JOSCHKA FISCHER
GORBATSCHOW
RONALD REAGAN

TSCHERNOBYL
PERESTROIKA
GLASNOST
MATHIAS RUST
MAUERFALL
DAVID HASSELHOFF
DIANA SPENCER

```
I  D  I  E  R  K  I  C  J  W  H  T  V  Z  D  W  G  Q  K
H  G  H  J  A  O  Y  V  I  S  W  T  E  E  G  S  E  L  C
V  H  A  A  T  J  T  B  V  F  M  U  N  G  A  M  L  I  I
W  U  T  J  W  W  X  C  K  L  K  N  A  U  D  O  M  N  T
G  M  J  K  I  K  R  L  E  P  B  U  C  K  E  A  N  D  Y
J  U  Z  B  L  I  K  W  C  P  J  V  U  W  R  K  G  E  H
H  R  S  N  I  N  S  U  E  D  S  H  E  P  C  A  O  N  U
Z  B  H  L  G  X  Y  X  Y  P  H  N  L  X  W  R  T  S  N
E  X  X  U  H  D  I  K  M  H  Z  E  I  M  V  O  W  T  T
I  I  D  W  T  I  A  S  L  A  R  O  G  E  R  S  R  R  E
T  S  N  I  Z  M  X  J  H  M  I  L  G  C  O  E  C  A  R
R  L  G  T  O  N  B  N  L  X  E  M  A  F  Q  A  F  S  W
E  A  J  S  N  A  X  R  Q  Q  L  V  J  H  Z  N  P  S  U
I  N  M  X  E  R  N  Y  M  T  B  W  U  O  P  N  B  E  B
S  D  X  I  C  K  I  Q  S  S  Q  O  S  H  M  E  U  L  Q
E  N  J  V  S  P  J  P  J  A  P  Y  D  N  S  W  C  J  I
N  B  U  R  Z  S  U  T  J  R  T  H  X  P  X  A  J  D  J
D  V  L  H  H  G  E  Y  Y  V  K  N  W  D  O  H  M  R  P
E  W  L  L  A  B  N  O  G  A  R  D  A  N  O  C  I  U  K
N  F  K  J  T  Q  D  W  Q  D  W  C  F  F  J  N  O  L  W
G  R  O  S  S  S  T  A  D  T  R  E  V  I  E  R  H  G  C
G  A  M  O  E  T  O  I  L  O  Z  H  L  A  J  Q  N  V  K
F  Z  G  D  C  X  M  P  M  F  C  P  K  I  D  K  J  O  D
A  F  G  V  I  C  Y  E  G  Y  D  N  W  O  V  G  G  Q  E
```

17

Fernsehen

BUCK ROGERS
CITYHUNTER
DRAGONBALL
FAME
FANTASY ISLAND
GROSSSTADTREVIER
HAWK
INSPECTOR GADGET

LINDENSTRASSE
LOEWENZAHN
MAGNUM
MASH
MISS MARPLE
ROSEANNE
TWILIGHTZONE
DIE ZEITREISENDEN

```
X M N M W X S Y L H P C G X T A I A Q
S F D M H J R R P S R C B K E B K J X
J T A R T P E V J A D B R X K C L V K
Z H R P O N T G Q Y V N K I F U K F M
M J B E S O T R P I W E R Y V B H A U
G U N L L N V C S B E R G E R E W I I
U H E N T O A N M Z O H A Z U G A R N
E N Z U A R E U J J B A G E D L E Y K
N K O S R M T B Z I G R Y O K G R L R
T E S E P H Z F W S W R G P E M A A U
E W L L E G H I T I N Y A A I H E G E
R L W G A R A S F V Y A R L C Y H L D
V A N L R F O X K P R D L S S N A H G
Z E F M V E J S Q O C M T R O B E R T
R X R R B J O L E Y A T D Z X I N G A
N B I T A G F J E N O G X L D Q U G B
X B K P I N S Q N G T C G U A H S O K
S U T E N L K X N A K H R T D R E T O
X S G T G R J K D T C G A H C C A H L
E K F E O S C U H J F R M L K E T H L
A E K R L W J O V R R A Y I R B I T U
V M L D F Z M V D V I T N I J R O R H
S H C F T A N E Z R T G K O W L U G X
T P N W S M V S M C Z A R M K C E U L
```

18
Moderatoren

RUDI CARRELL

THOMAS GOTTSCHALK

FRANK ELSNER

ROBERT LEMKE

HANS ROSENTHAL

ERIKA BERGER

HARRY WIJNVOORD

JOERG DRAEGER

FRITZ EGNER

KAI BOECKING

INGOLF LUECK

HARALD JUHNKE

GUENTER PFIZMANN

PETER ILLMANN

R	S	E	X	C	I	U	K	K	M	I	P	Y	T	T	D	M	J	T
O	X	A	R	V	D	E	G	J	I	A	U	K	B	R	G	N	A	C
L	A	B	C	P	T	Y	K	L	D	L	C	G	P	J	O	T	E	J
L	Z	X	U	T	X	A	Y	W	N	G	E	I	Z	Q	T	L	P	N
A	O	W	E	R	W	P	P	I	L	A	N	N	D	O	Z	O	L	C
	G	N	G	Q	G	J	P	K	E	W	T	E	O	F	D	R	M	I
B	S	X	Q	L	Q	E	A	F	C	K	E	H	N	Z	I	Q	M	S
E	E	P	H	S	I	U	R	A	K	H	R	C	O	E	P	K	X	B
L	A	S	T	A	G	J	A	B	M	H	Q	B	C	Q	R	T	A	S
T	Z	J	S	U	H	E	G	M	U	O	Y	E	J	E	N	H	B	R
A	X	W	M	E	R	X	S	U	S	Y	M	A	L	C	G	H	U	E
F	V	M	W	E	U	E	J	G	C	L	F	T	V	J	W	K	O	Z
D	I	L	R	G	L	S	L	E	H	L	U	S	Z	E	X	Q	Z	Z
Y	W	T	L	I	R	C	Z	L	E	E	S	E	B	J	L	S	G	I
T	A	W	M	D	B	S	O	B	L	J	L	S	C	T	T	I	R	F
Q	L	S	E	W	N	U	K	B	L	K	S	U	H	O	X	A	T	D
I	V	F	M	N	D	N	S	U	W	P	N	A	P	Q	A	S	E	A
S	H	O	C	K	M	E	U	B	S	H	X	R	V	T	N	V	N	C
H	E	R	Z	V	E	Z	N	R	I	S	Y	B	D	O	U	B	L	E
A	T	O	J	A	N	A	V	D	B	U	J	C	M	B	Z	D	N	P
R	U	L	G	O	S	Q	C	O	R	E	N	V	H	J	F	A	O	Q
I	G	L	V	X	N	O	X	S	R	S	S	N	C	O	E	R	X	V
T	Y	I	G	G	R	J	L	G	O	S	L	Y	R	C	D	Z	P	C
F	R	D	I	T	H	Y	O	B	U	E	A	R	O	G	C	A	U	M

19
Süßigkeiten

TATTOO KAUGUMMI
FRITT
OCEAN JELLY
CENTER SHOCK
DOUBLE DIP
ROLLA BELTA
FIZZERS

SMILES
BRAUSESTAEBCHEN
SUESSE KETTEN
SUESSE UHREN
TROLLI BURGER
ROLL BUBBLEGUM
LECKMUSCHEL

```
P  B  L  S  S  F  U  M  T  D  T  L  A  M  I  N  I  K  X
F  J  U  N  L  L  U  G  M  B  L  Y  B  H  E  G  S  H  E
X  R  D  Q  R  D  A  I  S  H  L  N  F  T  M  U  P  R  I
S  L  C  O  Z  N  G  X  M  S  O  F  T  C  A  K  E  C  A
N  D  Z  Y  P  G  R  B  J  Q  U  E  B  Y  I  G  J  A  A
P  S  B  E  I  O  F  C  C  S  R  V  K  A  X  B  O  N  F
Y  M  E  E  N  D  G  P  C  A  F  T  X  H  F  H  K  D  D
Q  P  L  I  F  O  P  N  G  D  N  N  W  N  E  F  P  Y  W
R  A  L  T  T  D  N  I  I  Q  Y  C  V  N  Y  E  U  G  M
T  C  Z  X  Z  R  Z  H  I  T  S  C  H  L  E  R  L  Z  N
P  D  H  L  Z  O  A  J  W  B  A  N  S  M  J  R  V  N  G
R  Z  D  C  K  N  M  M  Y  I  O  O  W  U  R  C  E  A  T
N  D  D  O  U  F  F  K  S  P  N  Q  M  G  T  R  R  R  F
E  P  H  M  H  N  X  Z  P  R  V  C  C  E  X  Q  S  Y  O
J  C  E  V  E  O  T  I  B  F  W  Y  T  L  G  U  T  B  T
S  S  K  E  T  L  N  I  F  M  X  C  W  B  W  I  A  A  K
N  K  C  R  E  H  C  A  R  K  U  A  O  B  Y  U  N  M  K
L  C  E  G  S  O  P  D  T  O  C  N  R  U  U  P  G  D  Z
Z  I  L  L  A  P  L  D  J  L  X  Y  K  T  Y  A  E  C  Z
C  T  H  E  C  F  L  E  O  M  F  O  R  W  V  P  N  A  R
H  S  C  G  Z  H  M  Y  B  Y  H  N  D  X  E  Y  F  T  Z
U  P  S  E  X  O  U  D  C  V  A  I  M  M  I  N  I  S  F
P  I  A  I  F  K  N  P  N  E  F  I  E  R  T  S  U  A  K
A  L  Y  R  Z  C  W  T  S  R  N  C  L  K  Z  M  Y  M  T
```

20

Süßigkeiten

SMARTIES MINIS
SOFTCAKE
NIPPON
HITSCHLER
CHUPA CHUPS
KAUSTREIFEN
KRACHER

CANDY LIPSTICKS
TUBBLEGUM
SCHLECK PULVERSTANGEN
SCHOKOZIGARETTEN
BAFF
CANYON RIEGEL
MCTWO

L	N	R	W	V	L	C	J	K	V	P	O	H	T	N	G	S	J	S
W	E	O	H	N	H	C	H	O	C	L	A	T	E	G	K	H	A	J
F	W	U	N	D	E	R	B	A	L	L	K	Z	I	C	I	R	T	J
N	V	V	H	F	B	E	W	U	Y	F	W	I	O	N	O	B	T	O
U	C	H	D	Z	L	L	A	N	K	Z	L	R	U	T	O	A	S	H
O	T	L	N	G	M	N	C	R	P	L	P	J	T	G	K	B	G	R
P	L	O	R	A	I	Q	W	K	E	O	N	I	H	T	D	D	I	O
K	A	U	G	U	M	M	I	N	P	Q	E	K	I	U	Y	K	N	H
Z	D	A	A	Q	M	R	I	D	G	Q	K	K	M	E	X	U	O	E
Y	S	E	T	I	Z	G	E	W	G	U	C	F	X	A	P	S	I	Q
F	S	D	L	D	S	Z	F	U	T	E	O	S	P	F	O	V	V	S
M	S	K	A	N	U	S	Z	B	Z	T	L	V	W	C	A	A	Q	C
V	A	U	W	D	W	T	D	V	O	S	F	B	J	O	K	M	M	H
E	M	O	N	T	E	L	I	N	O	C	R	W	F	P	F	U	J	O
V	P	P	K	H	Y	D	Z	Y	G	H	E	V	V	Z	S	U	E	K
Y	E	R	M	M	W	L	P	I	W	T	P	I	N	O	E	T	G	O
D	I	I	B	O	N	I	D	P	M	U	S	R	Q	Y	K	F	J	L
S	H	J	L	F	G	C	G	L	H	B	U	T	Q	S	U	G	Y	I
Q	H	L	E	E	E	Z	R	N	V	E	N	B	P	V	O	N	C	N
B	W	N	H	R	J	K	I	A	O	W	K	I	E	D	C	Z	W	S
U	B	R	D	E	S	N	C	V	Q	A	H	D	A	I	T	G	H	E
Y	Y	D	U	C	G	P	M	M	A	C	K	Z	Y	V	D	K	A	N
O	K	D	Q	H	R	E	I	C	I	M	M	U	G	U	A	K	N	I
O	P	O	J	I	Q	E	C	L	O	B	B	S	B	G	M	L	S	E

21
Süßigkeiten

FERECHI
WUNDERBALL
MILKA MONTELINO
GINO GINELLI
BONITO SCHOKOLINSEN
SAROTTI
CHOCLATE CHIPS

KAUGUMMI
QUETSCHTUBE
KNALL KAUGUMMI
POPROCKS
KITKAT
KNUSPERFLOCKEN
MAOAM

S	W	I	N	I	G	U	M	S	I	X	I	D	R	E	E	B	D	R	E
W	F	K	V	Q	F	C	U	W	P	R	U	F	I	L	M	L	T	L
W	S	C	H	O	K	O	L	A	D	E	N	T	A	F	E	L	N	S
U	E	G	R	I	E	S	E	N	W	H	E	E	I	M	W	M	C	P
X	R	N	U	K	E	E	F	E	G	S	X	A	K	S	J	H	M	G
Q	F	R	P	V	E	C	D	R	S	B	P	T	H	M	O	Z	A	M
P	R	E	P	L	P	L	I	E	V	O	I	A	U	K	E	I	R	F
F	I	K	G	B	S	S	U	U	D	M	O	H	O	X	L	J	M	U
U	S	C	C	Z	C	N	W	J	R	I	M	L	O	I	H	J	E	B
P	C	U	U	E	D	S	U	A	M	U	I	W	P	E	T	D	L	X
I	H	Z	L	R	K	A	V	Q	H	N	Z	P	T	W	E	T	A	C
U	U	N	E	N	B	H	X	S	S	I	E	N	Y	C	R	O	D	I
J	N	E	Y	L	R	Y	A	E	D	N	N	E	B	H	A	F	E	L
H	G	B	L	T	Y	L	N	M	S	A	M	K	J	R	F	F	L	F
G	S	U	H	G	M	Q	H	T	R	O	O	T	V	B	Z	E	N	P
P	S	A	G	F	K	V	I	B	S	U	M	I	P	R	M	E	V	H
P	T	R	I	B	N	F	E	G	H	A	C	Y	E	A	E	I	F	A
O	A	T	B	D	T	G	P	Q	T	T	Q	B	R	T	M	W	V	A
R	E	V	L	U	P	E	S	U	A	R	B	A	B	K	U	V	J	C
R	B	I	E	S	U	E	S	S	E	A	K	V	I	K	P	L	Q	B
V	C	P	K	E	Z	L	I	P	N	L	P	W	K	E	K	S	E	X
G	H	K	K	Q	J	F	V	K	R	E	I	P	A	P	S	S	E	W
B	E	E	Q	S	M	M	L	V	C	W	T	O	H	X	G	F	U	B
M	N	Y	N	Y	O	T	Q	N	K	R	W	C	H	M	H	E	X	W

22
Süßigkeiten

SCHOKOLINSEN
ERDBEERDIXI
SUESSE PILZE
WINGUMS
TOFFEE MUHMUHS
RIESEN KARAMELL
BRAUSEPULVER

TRAUBENZUCKER
LIPPENSTIFT
KEKSE MIT MARMELADE
ERFRISCHUNGSSTAEBCHEN
SCHOKOLADENTAFELN
GEBRANNTE ERDNUESSE
KNABBER ESSPAPIER

M	W	T	Z	P	R	Z	W	R	M	H	X	X	G	V	Y	X	P	Y
V	M	D	E	D	D	W	W	I	X	U	W	Z	J	B	R	J	Q	D
H	O	G	G	E	Z	L	X	D	G	A	V	Q	F	Y	C	R	Z	H
Z	V	I	D	E	O	T	H	E	K	D	S	T	E	R	N	E	O	H
L	D	E	R	B	I	H	Z	J	A	I	F	J	V	X	B	R	C	Z
P	I	K	D	Z	V	P	Y	K	L	E	D	V	J	X	R	Z	H	X
T	Q	B	V	J	K	W	O	E	L	T	S	L	O	K	Z	C	E	A
Z	K	L	O	L	I	K	E	U	H	H	U	F	X	K	S	Z	A	I
U	F	N	V	M	V	O	K	P	X	B	H	H	B	U	X	E	T	G
L	K	D	I	Q	Y	S	O	I	Z	W	O	K	K	N	P	W	C	L
D	C	M	I	T	S	A	C	R	O	L	L	S	C	H	U	H	O	H
V	F	J	H	S	B	X	L	B	L	C	W	T	C	X	J	T	D	K
V	S	E	Q	U	C	L	U	P	R	M	G	T	Y	I	O	C	E	P
F	N	K	R	L	G	O	U	C	N	E	L	S	F	P	U	L	S	M
X	G	X	A	R	X	K	H	E	E	Y	A	O	P	R	D	G	J	G
P	R	I	Q	T	I	J	L	M	F	S	O	K	A	L	E	G	O	G
K	T	P	O	W	E	S	D	B	U	C	T	C	D	G	P	W	Y	E
X	G	H	B	C	N	B	H	U	A	J	A	A	G	A	D	K	C	A
A	B	E	C	S	M	V	O	P	L	O	Y	H	R	Z	N	T	J	F
T	C	N	I	A	D	Q	B	A	B	J	E	B	Z	T	N	C	T	J
J	X	I	O	R	M	L	F	L	R	V	O	Y	Q	Y	R	P	E	O
J	R	J	Q	Z	K	E	A	A	L	D	X	N	Y	M	N	E	D	Z
F	P	W	S	S	V	U	S	T	S	B	C	H	G	T	R	V	K	S
I	P	Z	I	V	Z	E	U	B	H	N	E	V	T	G	K	J	Y	M

23

Sonstiges

PLAYMOBIL
LEGO
KRIEG DER STERNE
JEDI
BLUE CURACAO
ROLLSCHUH LAUFEN
SKATEBOARD

BREAKDANCE
COKE DIET
VIDEOTHEK
CHEATCODES
DISCO
STARTREK
FERRIS MACHT BLAU

E I N S P C G J Y B Q E C I Y U V Y U
N N T X L W O M S T U R Z F L U G V M
H J Y A G E U A M P O Q H A C B Z Z U
B H E Z W J A E V H Z Z F I S F M L E
A C Z H J I V H L D M C F A L C O T H
X Y D C O A M H C I I S I T I W A K T
V I L N Q N D W K E I O L G N G O C Z L
S G I I A Y U A H R M N F U V L R W S
T Y L R W T P Y R G U O E R Z V C V O
E L B R A N I N G A N C D L J L B C P
I D G M W M B K N G K R H E E E O N K O
G E O E O R I R N W T R I O R S P D U
V F V M I L E I Q M A O E N S N V X S
V E S I L E K M O D B F T X N U Z R D
M H G I L L R L O S D U O E I A O P B
U C M J A A Y J J Z Z P L L Q X D W A
T E Q T I K D H O N L A V T E U H H B
N P E Z M B E T O O H Y X T B L W N E
E E I T O B I S G R G T I A N Q A S
N D H S R V K R N E G E T I Y M B R C
C J C O D C L A D K M A J E W D V U X
C V I O A C V R W D A E D O Z B C A F
G S R J L Y O J K E A H A Q I H Q L M
E U L E F Y C J H G N Y H R R J A I P

24

Interpreten/ Gruppen

FALCO
DEPECHE MODE
ROXETTE
AHA
MODERN TALKING
GEIER STURZFLUG
THE CURE
LAURA BRANINGAN

DEAD OR ALIVE
MICHAEL JACKSON
NEW ORDER
TRIO
VAN HALEN
LIONEL RICHIE
MILLI VANILLI
RUN DMC

```
S  B  O  N  L  B  D  M  V  X  J  A  A  Q  T  T  C  F  P
P  X  A  N  N  O  D  A  M  S  X  I  J  M  S  R  N  E  X
R  Y  D  N  I  J  I  H  A  L  L  O  U  H  R  V  M  X  K
I  Z  X  K  E  O  S  G  G  E  V  Y  E  I  Z  V  A  Y  M
N  S  I  B  C  A  D  S  N  I  H  X  W  H  B  E  C  Z  H
G  T  E  W  U  C  M  R  I  D  D  T  R  K  T  W  D  E  C
S  R  M  F  R  H  J  G  E  S  T  R  X  E  A  S  U  E  C
T  A  P  S  B  I  F  P  C  H  V  Q  I  J  R  P  I  A  R
E  I  D  X  B  M  O  A  N  X  C  D  M  L  H  C  N  W  H
E  T  M  N  F  R  E  R  I  D  N  O  I  P  U  L  O  C  R
N  S  U  I  U  C  S  T  A  O  W  A  S  J  R  C  A  T  C
M  S  E  E  H  G  R  O  L  I  O  T  T  M  Q  N  Q  I  V
R  A  S  C  J  X  T  B  T  Q  U  E  E  J  F  S  L  D  X
T  I  E  X  N  Y  F  T  H  J  J  S  R  Q  R  L  I  X  H
I  J  P  X  T  I  V  F  Z  V  X  L  E  F  J  F  R  2  R
J  Y  S  J  X  E  R  L  E  E  Y  X  M  Q  B  K  O  P  U
Z  S  V  L  D  U  A  P  B  R  K  P  W  E  A  Y  H  G  C
E  A  Z  I  U  I  S  Y  W  E  Y  F  F  M  Z  R  D  W  W
I  O  S  G  Q  S  E  C  Q  D  P  R  U  F  L  H  G  N  F
V  Y  M  K  M  Q  L  Q  F  N  X  A  Y  N  G  D  I  N  A
E  Y  Y  R  V  Q  G  U  H  O  C  N  O  G  A  L  L  D  R
T  G  X  T  K  G  N  P  D  W  N  C  P  H  N  S  C  F  F
S  X  R  X  X  T  A  O  J  W  F  E  U  E  R  V  U  Z  V
I  D  B  L  Y  D  B  X  S  Y  M  R  O  M  S  C  U  S  R
```

25

Interpreten/ Gruppen

FRANCE GALL
STEVIE WONDER
INXS
MADONNA
BON JOVI
THE BANGLES
MR MISTER
BLONDIE

JOACHIM WITT
EUROPE
PRINCE
DIRE STRAITS
BRUCE SPRINGSTEEN
U2
HALL AND OATES

G	R	S	A	P	C	N	I	S	P	P	I	L	L	A	U	P	E	R
E	H	B	H	H	U	E	Y	G	W	W	M	D	E	D	W	F	V	D
B	B	A	A	S	Q	R	H	S	V	X	Q	D	C	X	F	K	S	I
A	M	H	R	M	I	O	J	X	N	Y	W	W	R	O	R	D	R	V
A	E	I	V	F	P	O	Z	S	E	U	S	D	H	U	X	N	R	A
K	R	A	E	R	O	S	M	I	T	H	G	L	E	O	N	W	E	D
F	X	N	Q	X	Y	Y	W	Z	S	J	E	G	R	R	P	P	V	R
T	B	O	N	G	M	M	C	P	Z	S	E	A	O	N	F	O	W	F
G	K	Z	O	F	R	Y	K	Q	S	R	P	S	A	D	M	O	R	L
E	U	N	S	P	X	V	D	A	O	A	E	M	M	P	S	D	V	C
V	V	S	K	L	R	N	H	O	C	S	E	H	I	N	Q	D	O	Z
V	Z	G	C	K	F	Y	Y	D	D	U	P	R	I	K	U	V	Q	B
L	O	N	A	U	R	H	C	K	Q	B	N	L	D	A	E	J	N	S
N	H	V	J	U	I	L	B	R	U	X	L	Z	J	K	E	A	L	P
Q	E	U	C	B	I	U	P	W	K	O	C	G	K	V	N	N	I	P
R	L	R	J	U	E	A	V	J	C	L	Z	I	I	Q	J	E	M	B
J	E	T	H	E	W	Z	V	Y	H	T	I	S	N	W	V	T	M	T
M	E	C	S	I	B	F	B	I	R	B	A	H	G	D	R	F	D	X
C	P	B	I	D	N	Q	P	B	W	G	Z	V	P	H	Y	I	V	G
X	S	T	W	D	R	R	X	F	E	H	A	N	S	Q	V	L	E	L
S	Y	S	E	E	B	P	O	F	F	R	Z	K	M	A	M	G	M	I
E	J	O	L	R	E	I	W	O	B	B	P	C	D	H	G	M	N	G
N	Z	N	T	F	M	P	O	U	B	X	U	P	I	A	B	L	P	O
V	F	V	S	L	T	D	A	V	I	D	M	W	K	I	K	N	G	M

26

Interpreten/ Gruppen

CINDY LAUPER
GUNS NROSES
PHIL COLLINS
ACDC
QUEEN
DAVID BOWIE
FREDDIE MERCURY
AEROSMITH

DAVID HASSELHOFF
HUEY LEWIS
MIKE KRUEGER
LIPPSINC
ABBA
VISAGE
FRDAVID
JANET JACKSON

G	M	C	O	F	S	G	Z	X	R	Q	F	A	K	R	W	O	Z	Z
E	C	H	K	E	W	U	J	E	E	D	E	P	R	W	P	E	T	C
O	N	E	P	U	F	Z	X	B	N	Z	A	D	Z	C	O	J	V	L
R	I	R	E	R	U	I	Q	B	R	X	R	O	I	A	H	Z	Y	F
G	C	L	T	Y	R	F	M	R	U	B	S	Z	S	D	S	A	O	L
E	O	E	K	T	E	E	D	I	T	H	G	T	Q	Y	P	R	K	C
K	L	A	B	H	L	F	Y	C	R	C	L	P	O	R	K	C	Z	A
L	E	G	A	M	L	B	D	K	X	E	Y	B	A	N	D	D	D	K
A	F	U	N	I	I	U	S	I	Y	Q	X	W	F	V	W	C	L	A
T	X	E	D	C	M	O	Z	G	D	R	H	V	C	M	Z	J	F	N
H	Y	N	E	S	E	G	A	H	T	I	S	L	U	X	D	J	M	M
F	D	Y	G	C	N	Z	T	E	T	T	L	U	C	B	D	A	X	I
T	X	T	I	J	E	T	A	N	E	D	O	Z	B	N	R	Z	T	C
H	K	W	R	B	N	R	E	V	C	M	M	T	A	N	J	M	F	H
F	H	F	O	X	S	Y	E	A	Y	H	K	U	L	N	R	P	O	A
W	A	U	Z	K	Y	L	K	E	D	P	S	V	C	F	I	Z	M	E
L	N	X	N	E	S	Q	A	P	O	F	S	G	H	N	E	T	G	L
X	D	P	H	A	C	S	W	K	W	P	Q	M	O	C	T	G	Z	Q
P	O	S	J	G	M	I	W	B	N	C	A	W	U	P	O	A	A	U
D	B	H	X	D	A	U	L	D	R	B	Z	Z	S	O	O	T	L	Y
A	V	X	Y	T	Q	D	H	O	W	Z	I	H	T	U	Q	H	N	K
H	X	N	E	N	M	P	T	E	P	C	B	V	O	B	M	L	S	M
Q	J	N	E	N	A	F	Z	Z	L	Q	Y	C	N	I	F	U	Y	I
K	M	R	K	T	W	C	F	V	N	B	Z	K	C	U	T	Y	L	B

27

Interpreten/ Gruppen

NICOLE
HUMAN LEAGUE
STEVE MILLER BAND
POLICE
NENA
GAZEBO
EURYTHMICS
TINA TURNER

TALK TALK
TEARS FOR FEARS
CHAKA KHAN
CHER
PET SHOP BOYS
RICK ASTLEY
WHITNEY HOUSTON
GEORGE MICHAEL

O	L	L	R	E	I	S	E	R	I	A	N	H	W	J	M	R	S	Z
D	C	T	Q	K	H	E	I	P	G	Y	X	P	F	G	I	P	G	D
I	I	D	K	U	M	X	H	B	L	P	P	Z	Y	O	C	J	R	V
A	T	E	O	D	S	T	I	A	P	A	K	A	I	D	U	N	O	W
L	N	T	P	O	Q	R	R	N	U	E	G	U	T	M	A	I	E	W
K	O	T	N	M	V	A	A	D	S	C	G	E	J	G	V	Z	N	E
J	C	T	I	I	M	B	Q	Y	D	Z	T	T	J	O	G	S	E	J
P	Y	D	D	K	Y	R	B	J	T	T	J	L	O	T	C	V	M	J
R	Y	V	W	N	R	E	Z	M	P	B	I	T	P	T	X	K	E	X
N	R	W	A	H	I	I	S	L	G	N	N	I	S	L	P	K	Y	U
A	C	Q	V	E	V	T	R	A	D	O	K	P	M	I	N	V	E	B
J	E	N	V	B	T	W	I	E	E	E	S	Y	Q	E	X	M	R	N
T	A	E	R	Z	T	E	N	E	S	R	L	U	J	B	Z	R	T	M
K	A	F	C	N	P	B	B	G	I	K	D	P	A	Y	J	X	O	N
Y	V	A	U	U	E	S	P	L	I	F	F	N	R	L	E	F	O	E
W	J	H	Q	R	B	H	Q	B	V	G	L	H	A	U	K	P	P	A
A	K	I	G	Z	Q	N	W	F	K	Z	E	E	S	R	P	V	U	L
S	I	A	D	P	Y	X	W	N	N	V	L	X	D	H	X	A	B	O
E	Y	U	H	E	T	L	M	B	P	X	F	U	B	P	R	A	V	O
U	Z	E	S	L	A	H	E	D	N	E	W	C	H	O	P	H	B	G
Z	A	W	U	Q	Z	L	S	V	P	O	W	S	D	C	P	S	M	I
X	K	E	X	W	N	M	X	N	C	I	D	T	X	T	S	X	P	O
Z	T	E	X	G	R	A	K	U	S	A	E	X	G	V	K	C	H	A
T	R	E	B	U	H	F	F	P	V	L	O	S	T	S	A	G	F	F

28 Interpreten/ Gruppen

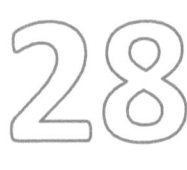

IDEAL
GOTTLIEB WENDEHALS
SPLIFF
GROENEMEYER
RIO REISER
ANDREAS DORAU
PURPLE SCHULZ

KLAUS LAGE BAND
DIE AERZTE
BAP
EXTRABREIT
HUBERT KAH
UDO LINDENBERG
EAV

P J X J I W Z I Y L E H N C T S O T L
A U F X J L A F V V N F A U S T Q Q W
N F B K D K H D O S K M Z Q B B J U D
O G A T T M Y M N T K E A Y Y Z B N L
L D Y U Z M A K C U M K J X D M J A K
C M C Z S A R E J K M U E C G E E D K
L V R B L T K U R Y R R E S S Y R I J
R V I E K P P S C C F E E A L N R F N
U D R G F I L Q O A H G L E R B F E M
G T B R T R D F D S S E E C B T P A D
T U J E B N E C O N M H N X C D E V K
M U R K L P P D A R T J E P E H R G N
G T N M O T K H R V O N D P R B U E U
P T E B N Z Y O U Z I S O K C I X N T
V U G E D W S I N J X L E G T E N Y S
M U U E E R Z L W R O M J M J C S Z C
C T A Q X K V L B N S Z D V A I Y M H
C A R B O N A R A I G U N N F R R D F
L E M M I H N E N R E T S A S R I J L
U R F M H Q S X R E N N E A M F P E E
J R W J S E O Q L K J O W W G G J P C
L X I Z N C Q H T K V T W E B Q B E K
M L D F B A P E B B L Q L W B L A U E
C O C O M P U T E R L I E B E M Q V F

29 Hits

BLAUE AUGEN
POLONAESE
CARBONARA
MAENNER
COMPUTERLIEBE
FRED VOM JUPITER
NUR GETRAEUMT
FAUST AUF FAUST

STERNENHIMMEL
DER BLONDE HANS
MAERCHENPRINZ
ERDBEERMUND
CODO
ROSEMARIE
MEIN TUUTTUUT
DER KNUTSCHFLECK

D	Z	L	O	B	S	N	E	X	R	S	S	L	X	N	A	R	F	P
N	J	B	L	F	Z	S	S	F	E	T	F	Y	I	O	O	L	Y	P
J	U	M	P	A	E	U	A	C	S	I	S	S	T	C	E	A	T	R
I	N	D	T	K	C	A	P	A	T	Q	G	S	K	S	R	D	O	X
S	A	W	I	Z	M	A	R	T	K	K	H	O	H	J	Y	Y	J	J
B	V	L	O	A	E	E	H	E	L	X	D	A	F	Y	R	S	F	T
A	M	Z	D	N	I	R	D	A	M	R	E	N	E	D	L	O	G	I
A	D	E	Z	T	I	U	M	T	C	A	V	I	R	G	I	N	H	T
W	U	N	E	L	X	B	W	O	O	K	O	C	G	I	R	L	R	K
S	S	R	L	E	A	B	N	E	R	M	R	M	Z	E	L	L	E	Y
F	S	E	Y	D	L	T	W	I	H	D	E	F	U	N	Q	K	M	T
P	R	Y	A	Z	R	L	Q	N	S	M	N	L	D	T	K	Z	F	R
Q	L	C	T	O	G	A	E	R	A	I	N	X	B	G	R	C	P	U
O	E	M	L	P	E	X	N	X	O	G	Z	U	Z	O	I	Y	Y	E
J	P	D	E	J	D	U	I	D	A	R	O	J	A	M	E	B	T	X
E	U	S	B	M	A	T	R	A	A	C	D	B	A	M	U	M	I	A
X	R	X	J	J	F	Y	K	T	D	D	O	K	G	E	H	L	M	M
Q	X	N	R	L	S	C	R	L	R	Z	M	R	L	Y	M	X	G	G
I	Q	Z	M	E	S	D	H	W	E	E	I	P	B	U	O	I	J	J
C	R	D	U	X	W	P	X	B	B	Y	R	E	L	S	N	U	M	X
W	H	M	N	O	F	I	I	K	K	U	A	L	Y	K	Q	R	K	I
P	A	O	P	P	D	Q	Z	L	P	T	N	A	P	A	J	N	N	L
S	D	D	Q	C	G	L	M	S	I	C	T	A	K	E	O	W	W	R
T	H	I	M	G	Q	D	Z	F	R	E	W	P	Z	W	Z	M	X	D

30 Hits

MAJOR TOM
TAKE ON ME
BIG IN JAPAN
SELF CONTROL
BEAT IT
DA DA DA
ROCK ME AMADEUS
GIRL YOU KNOW ITS TRUE

ELLE ELLE LA
LIKE A VIRGIN
CALL ME
GOLDENER REITER
LAMBADA
PURPLE RAIN
THRILLER
JUMP

X	Y	V	C	Y	G	C	U	V	Y	K	R	U	J	P	O	V	T	V
L	O	O	K	T	H	E	A	L	X	Z	H	P	B	M	C	T	D	X
F	C	A	K	L	R	O	T	B	A	H	Y	X	H	R	F	G	V	I
Q	L	S	V	P	N	N	R	A	R	W	M	S	K	J	J	T	A	M
X	A	W	E	C	W	I	I	F	M	A	T	T	S	S	X	V	H	S
W	E	K	M	G	F	S	T	C	U	R	C	X	Q	U	I	B	T	V
F	L	A	J	Y	S	L	B	E	A	B	E	A	T	A	F	T	E	R
O	I	P	T	I	M	E	C	K	D	N	R	L	D	A	E	W	D	Z
M	N	E	F	E	M	K	R	L	R	A	T	E	F	A	H	T	O	N
F	R	O	J	X	R	O	E	E	W	M	F	P	P	Q	B	T	X	M
K	E	P	A	B	H	H	W	A	J	B	M	K	E	U	I	R	Q	M
O	G	L	F	O	R	O	W	R	L	T	G	O	K	O	S	L	A	N
U	I	E	E	T	P	U	K	E	Y	F	A	T	N	X	P	C	U	B
S	T	O	L	Z	W	O	R	D	S	O	T	L	R	I	T	L	D	T
A	L	O	V	E	W	J	B	A	I	J	H	C	S	U	P	T	E	D
T	A	M	E	I	W	M	F	I	X	V	E	B	O	I	Y	R	N	U
B	C	G	T	H	N	I	T	I	M	E	O	H	W	C	J	O	V	O
V	O	H	V	G	T	T	H	E	B	R	T	S	K	U	R	U	M	Y
Z	N	N	S	A	X	Q	O	D	N	I	N	C	A	N	E	P	A	U
V	K	Y	I	E	Y	E	Q	K	W	P	V	B	P	K	D	E	N	P
K	B	E	C	T	P	R	E	S	S	U	R	E	C	Y	N	R	S	J
N	T	O	O	U	A	Q	I	C	E	L	G	R	E	Y	U	D	Y	N
F	V	X	O	E	Y	P	N	W	O	T	Y	K	N	U	F	H	G	L
Y	D	Y	E	R	N	L	X	A	R	J	B	R	Y	A	M	S	B	J

31

Hits

PEOPLE ARE PEOPLE
THE LOOK
BORN IN THE USA
WITH OR WITHOUT YOU
LA ISLA BONITA
ICANT GO FOR THAT
TIME AFTER TIME
UNDER PRESSURE

THE POWER OF LOVE
FUNKYTOWN
SUPER TROUPER
FADE TO GREY
WORDS
EYE OF THE TIGER
ABRACADABRA
MAN EATER

```
M W Y W O C Q O Q V R N E D K G C E M
I O V D T C I M S C O X L G N C I H Y
S L E H K O Z T O S T G M I A V Y C J
S E A M C Y Q H I D H K P T L Y D U Z
H E O E O L A O Z E E O B G I E O S D
T F T F E T P U A P H E D H F F G V Z
I I J V T K I R Q C R E R E P O G N A
A Q O G G A T O F T Z Z V F R R E O A
F L Y R R K I Z N O D X Z R R E T M P
Z R T T I N P N F A T Y O U Y S L Y C
U D R E A M S Y T Q L Q X T H U J A F
F O V H Y E B D F E W Z R J F Q F B X
T X Y F O R W X Y Q D G Z L A E O K U
H S V A S H A M E U T T N Y K S T L D
B V O Y A G E P M A N E F C Y H L S U
S B H G J S H D Y K B L Z B S E O O S
C W I O R C O Q W X Z L K N U A O R X
N U A Q U Y O T F W T L S W K R K O E
K C F M N X F S U H H D D D H T I D N
H X B A T Y S Y F Z N D E E O F N Z V
B Q U M S I E E V U R I Y M P E G N Y
Z O W V E J Q U T X C O K E S Z M P T
F S R M C G N I N R U B H O G N V N O
M G E T E E W S S H V P E K I L I Q C
```

32 Hits

ILIKE CHOPIN
SWEET DREAMS
RELAX
SUCH ASHAME
SEND ME AN ANGEL
IFEEL FOR YOU
BURNING HEART
VOYAGE VOYAGE

CEST LA VIE
FAITH
TELL IT TO MY HEART
SO EMOTIONAL
POISON
MISS YOU MUCH
LOOKING FOR FREEDOM
TAINTED LOVE

Lösung Nr. 13

Lösung Nr. 14

Lösung Nr. 15

Lösung Nr. 16

Lösung Nr. 17

Lösung Nr. 18

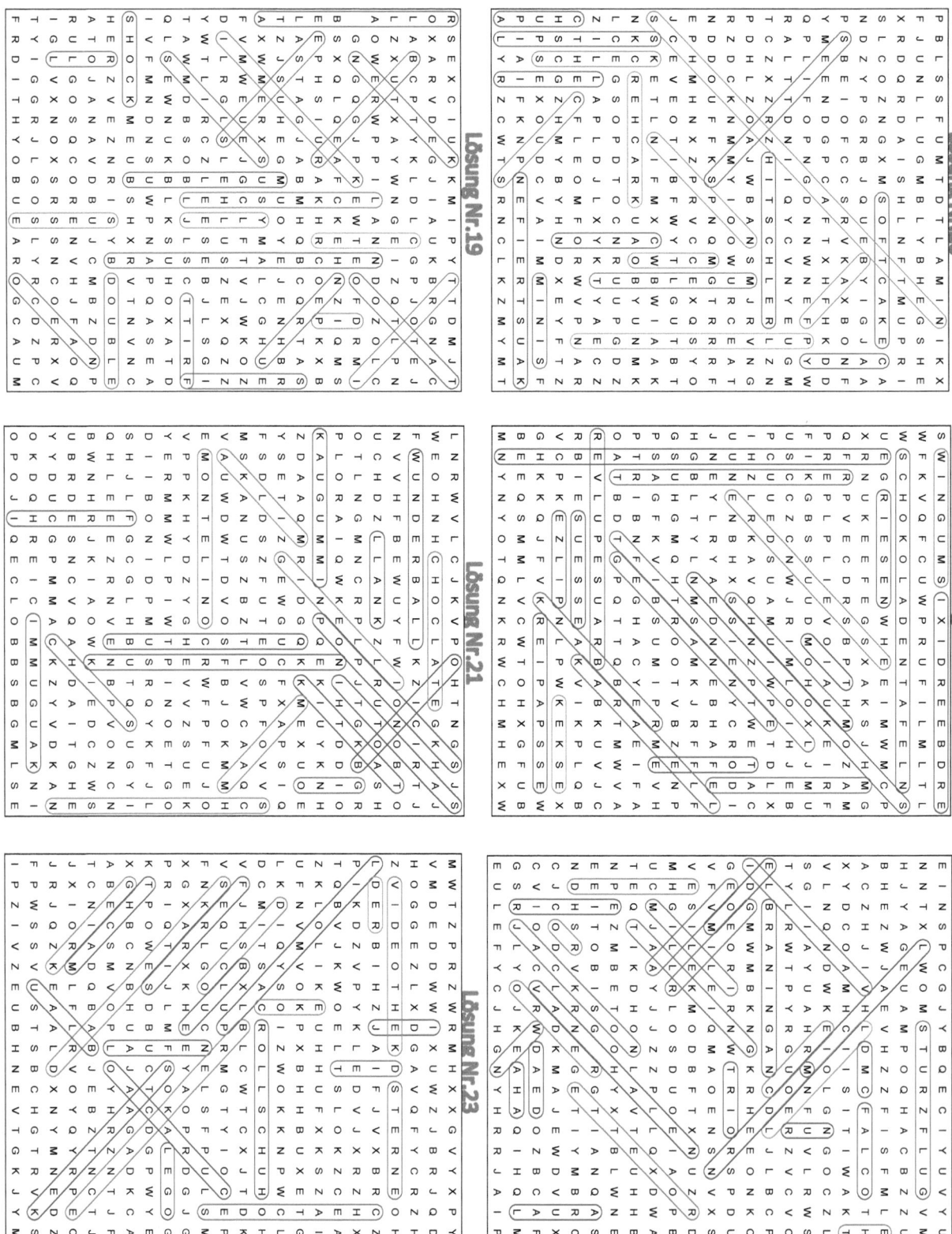

Lösung Nr.19

Lösung Nr.21

Lösung Nr.23

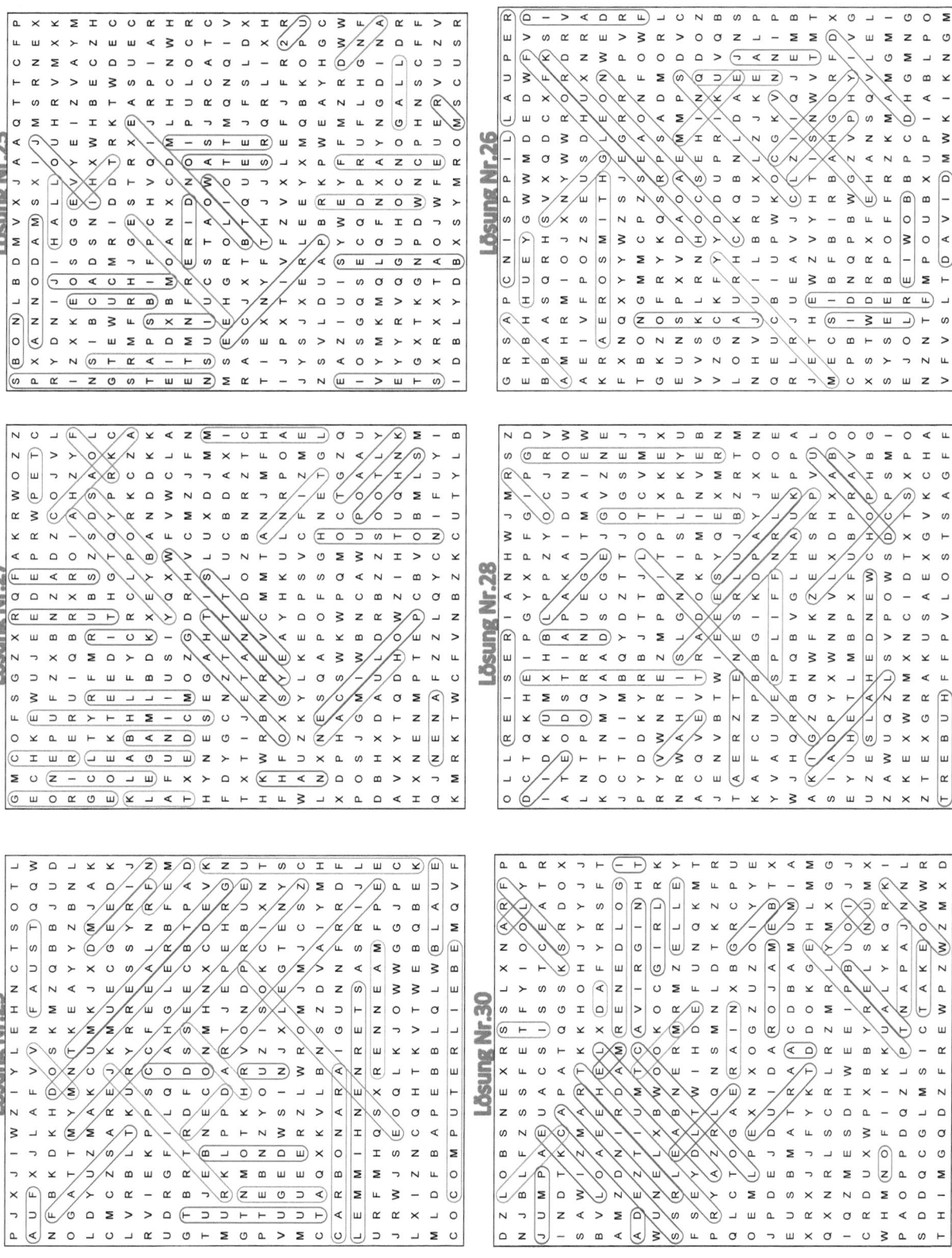

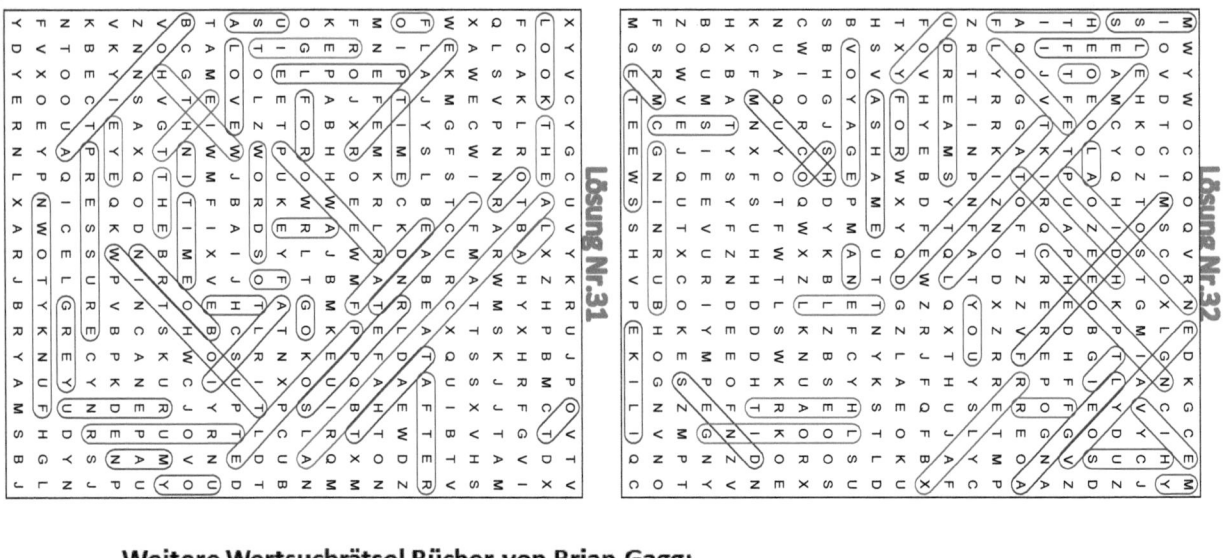

Lösung Nr.31

Lösung Nr.32

Weitere Wortsuchrätsel Bücher von Brian Gagg:

History		
1970iger Jahre	SQUASH	**Jahreszeiten und -ereignisse**
1980iger Jahre	TENNIS	FRÜHLING
1990iger Jahre	TISCHTENNIS	SOMMER
1980iger Jahre Retrospaß	VOLLEYBALL	HERBST
1.WELTKRIEG	**Familie und Beziehungen**	WINTER
2.WELTKRIEG	MUTTER	WEIHNACHTEN
Sport	VATER	OSTERN
ANGELN	SCHWESTER	HALLOWEEN
BADMINTON	BRUDER	GEBURTSTAG
BASKETBALL	OMA	**Religion**
BOWLING	OPA	BIBELVERSE
EISHOCKEY	FREUNDSCHAFT	**Orte**
FALLSCHIRMSPRINGEN	LIEBESZITATE	BERLIN
FELDHOCKEY	**Freizeit und Hobbies**	MALLORCA
FUßBALL	GRILLEN	**Sonstiges**
GOLF	SKAT	GLÜCK
HANDBALL	URLAUB	UFO
MINIGOLF	SMARTPHONE und HANDY	SCIENCE FICTION
POKERN	AUTOMARKEN	HORROR
RADSPORT	BLUMEN	KRANKENPFLEGE
REITSPORT	GARTEN	KRIMINALITÄT
SCHACH	HUNDE	LEHRER
SCHWIMMSPORT	KATZEN	SCHULE
SKI SPORT		LUSTIGE SCHIMPFWORTE
SPORTARTEN		